NEW CROWN

English Series

三省堂 ニュークラウン

英語の基本文型

3

SANSEIDO

はじめに

本書は，教科書 NEW CROWN English Series 3 に沿って，中学 3 年で学習する 33 の基本文型とその応用例文がまとめてあります。

中学校で習う文型が，教科書に出てくる単語を使って，暗記しやすくわかりやすく提示されていますので，くり返し声に出して練習することによって，基本文型を確実に身につけることができます。

本書の使い方

各文型項目は見開きになっていて，左ページに英文，右ページにその英文に対する日本語訳が示されています。文型は，教科書に出てくる順になっています。

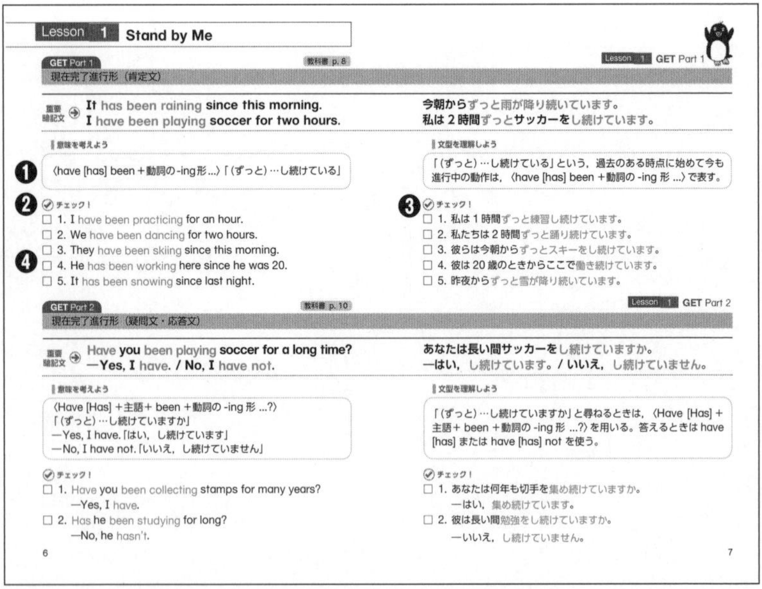

Lesson 1 Stand by Me

GET Part 1 教科書 p. 8

現在完了進行形（肯定文）

重要暗記文 It has been raining since this morning.
I have been playing soccer for two hours.

意味を考えよう

❶ 〈have [has] been＋動詞の -ing 形 ...〉「（ずっと）…し続けている」

❷ チェック！

☐ 1. I have been practicing for an hour.
☐ 2. We have been dancing for two hours.
❹ ☐ 3. They have been skiing since this morning.
☐ 4. He has been working here since he was 20.
☐ 5. It has been snowing since last night.

Lesson 1 GET Part 1

今朝からずっと雨が降り続いています。
私は 2 時間ずっとサッカーをし続けています。

文型を理解しよう

「（ずっと）…し続けている」という，過去のある時点に始めて今も進行中の動作は，〈have [has] been ＋動詞の -ing 形 ...〉で表す。

❸ チェック！

☐ 1. 私は 1 時間ずっと練習し続けています。
☐ 2. 私たちは 2 時間ずっと踊り続けています。
☐ 3. 彼らは今朝からずっとスキーをし続けています。
☐ 4. 彼は 20 歳のときからここで働き続けています。
☐ 5. 昨夜からずっと雪が降り続いています。

GET Part 2 教科書 p. 10

現在完了進行形（疑問文・応答文）

重要暗記文 Have you been playing soccer for a long time?
—Yes, I have. / No, I have not.

意味を考えよう

〈Have [Has] ＋主語＋ been ＋動詞の -ing 形 ...?〉
「（ずっと）…し続けていますか」
—Yes, I have.「はい，し続けています」
—No, I have not.「いいえ，し続けていません」

チェック！

☐ 1. Have you been collecting stamps for many years?
—Yes, I have.
☐ 2. Has he been studying for long?
—No, he hasn't.

6

Lesson 1 GET Part 2

あなたは長い間サッカーをし続けていますか。
—はい，し続けています。/ いいえ，し続けていません。

文型を理解しよう

「（ずっと）…し続けていますか」と尋ねるときは，〈Have [Has] ＋主語＋ been ＋動詞の -ing 形 ...?〉を用いる。答えるときは have [has] または have [has] not を使う。

チェック！

☐ 1. あなたは何年も切手を集め続けていますか。
—はい，集め続けています。
☐ 2. 彼は長い間勉強をし続けていますか。
—いいえ，し続けていません。

7

❶ はじめに大きく提示された文は，みなさんにどうしても覚えてもらいたい，教科書に出てくる最も基本的な文です。
❷ 文型の基本的な日本語訳のポイントなどが簡潔に示されています。
❸ 文型を理解するための解説が，わかりやすく簡潔に書かれています。
❹ 同じ文型を使ったいくつかの例文を発展的に取り上げてあります。くり返し練習して，覚えるようにしましょう。

● Lesson ごとに定期テスト対策，全レッスン終了後には高校入試対策を用意しています。さまざまな形式の問題を解くことで，学習した内容が身についているか確認し，それぞれのテストへの備えを万全にします。

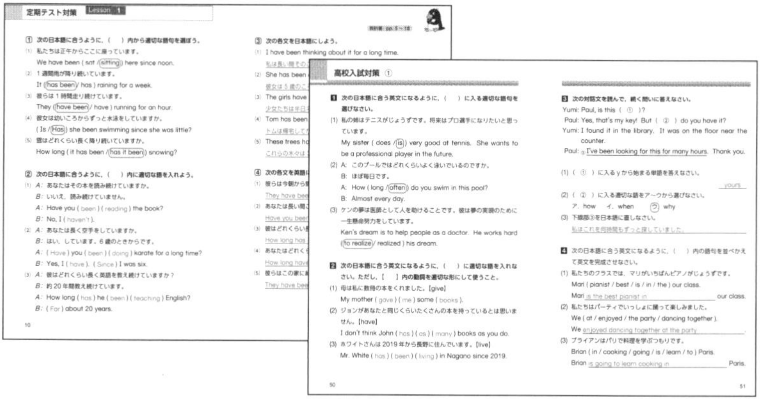

「赤のチェックシート」の使い方

各文型の重要な部分は赤色で印刷されていますので，「赤のチェックシート」を上に置くことによりポイントとなる部分が見えなくなります。英語から日本語に，または日本語から英語に直す練習のときに，このシートを透かして見える黒い文字を手がかりにしてみましょう。

目次

Lesson 1 Stand by Me

GET Part 1

教科書 p. 8

現在完了進行形（肯定文）

重要暗記文 → **It has been raining since this morning.**
I have been playing soccer for two hours.

意味を考えよう

〈have [has] been＋動詞の -ing形 ...〉「（ずっと）…し続けている」

チェック！

- □ 1. I have been practicing for an hour.
- □ 2. We have been dancing for two hours.
- □ 3. They have been skiing since this morning.
- □ 4. He has been working here since he was 20.
- □ 5. It has been snowing since last night.

GET Part 2

教科書 p. 10

現在完了進行形（疑問文・応答文）

重要暗記文 → **Have you been playing soccer for a long time?**
—Yes, I have. / No, I have not.

意味を考えよう

〈Have [Has] ＋主語＋ been ＋動詞の -ing 形 ...?〉
「（ずっと）…し続けていますか」
—Yes, I have.「はい，し続けています」
—No, I have not.「いいえ，し続けていません」

チェック！

- □ 1. Have you been collecting stamps for many years?
  —Yes, I have.
- □ 2. Has he been studying for long?
  —No, he hasn't.

Lesson 1 GET Part 1

今朝からずっと雨が降り続いています。
私は 2 時間ずっと**サッカーを**し続けています。

文型を理解しよう

「(ずっと)…し続けている」という，過去のある時点に始めて今も進行中の動作は，〈have [has] been +動詞の -ing 形 ...〉で表す。

チェック！

- □ 1. 私は 1 時間ずっと練習し続けています。
- □ 2. 私たちは 2 時間ずっと踊り続けています。
- □ 3. 彼らは今朝からずっとスキーをし続けています。
- □ 4. 彼は 20 歳のときからここで働き続けています。
- □ 5. 昨夜からずっと雪が降り続いています。

Lesson 1 GET Part 2

あなたは長い間サッカーをし続けていますか。
―はい，し続けています。**/ いいえ，**し続けていません。

文型を理解しよう

「(ずっと)…し続けていますか」と尋ねるときは，〈Have [Has] +主語+ been +動詞の -ing 形 ...?〉を用いる。答えるときは have [has] または have [has] not を使う。

チェック！

- □ 1. あなたは何年も切手を集め続けていますか。
  ―はい，集め続けています。
- □ 2. 彼は長い間勉強をし続けていますか。
  ―いいえ，し続けていません。

GET Part 2

教科書 p. 10

現在完了進行形（How long ...? と応答文）

重要暗記文 ➔ **How long have you been playing soccer?**
—For two hours. / Since this morning.

意味を考えよう

〈How long have [has] ＋主語＋ been ＋動詞の -ing 形 ...?〉
「どれくらい…し続けていますか」
—For ＋期間 .「～間です」
—Since ＋起点 .「～からです」

チェック！

☐ 1. How long have you been staying in Japan?
—For a month.

☐ 2. How long have you been learning Spanish?
—Since last year.

☐ 3. How long has she been doing volunteer work?
—For about three years.

☐ 4. How long has he been driving this car?
—Since he was young.

☐ 5. How long have we been waiting here?
—For more than 20 minutes.

現在完了進行形にしない動詞

be 動詞，have（所有する），know，want，like，see，hear，feel など，「現在の状態」を表す動詞は，ふつう進行形にしない。同じように現在完了進行形にもしない。

○ **I have wanted it for a long time.**
× ~~**I have been wanting it for a long time.**~~
「私は長い間それを欲しいと思っていました」

あなたはどれくらい長くサッカーをし続けていますか。
―2時間し続けています。/ 今朝からし続けています。

文型を理解しよう

「どれくらい…し続けていますか」と継続している期間を尋ねるときは,〈How long have [has] + 主語 + been + 動詞の -ing 形 ...?〉で表す。for ... で「し続けている期間」を,since ... で「いつから…し続けているか」を答える。

チェック!

- □ 1. あなたはどれくらい長く日本に滞在し続けていますか。
  ―1か月間です。
- □ 2. あなたはどれくらい長くスペイン語を学び続けていますか。
  ―去年からです。
- □ 3. 彼女はどれくらい長くボランティア活動をし続けていますか。
  ―約3年間です。
- □ 4. 彼はどれくらい長くこの車を運転し続けていますか。
  ―彼が若いころからです。
- □ 5. 私たちはどれくらい長くここで待ち続けていますか。
  ―20分以上の間待ち続けています。

現在完了進行形でよく用いられる動詞

run (走る), swim (泳ぐ), play (遊ぶ, 競技する), sleep (眠る), study (勉強する), stay (滞在する), wait (待つ), work (働く), rain (雨が降る), learn (学ぶ) など,「動作」を表す動詞は,現在完了進行形で用いられることが多い。

定期テスト対策　Lesson 1

① 次の日本語に合うように，(　　) 内から適切な語句を選ぼう。

(1) 私たちは正午からここに座っています。

We have been (sat / sitting) here since noon.

(2) 1 週間雨が降り続いています。

It (has been / has) raining for a week.

(3) 彼らは 1 時間走り続けています。

They (have been / have) running for an hour.

(4) 彼女は幼いころからずっと水泳をしていますか。

(Is / Has) she been swimming since she was little?

(5) 雪はどれくらい長く降り続いていますか。

How long (it has been / has it been) snowing?

② 次の日本語に合うように，(　　) 内に適切な語を入れよう。

(1) *A:* あなたはその本を読み続けていますか。

B: いいえ，読み続けていません。

A: Have you (been) (reading) the book?

B: No, I (haven't).

(2) *A:* あなたは長く空手をしていますか。

B: はい，しています。6 歳のときからです。

A: (Have) you (been) (doing) karate for a long time?

B: Yes, I (have). (Since) I was six.

(3) *A:* 彼はどれくらい長く英語を教え続けていますか？

B: 約 20 年間教え続けています。

A: How long (has) he (been) (teaching) English?

B: (For) about 20 years.

教科書　pp. 5〜18

③ 次の各文を日本語にしよう。

(1) I have been thinking about it for a long time.

私は長い間そのことについて考え続けています。

(2) She has been climbing mountains since she was five.

彼女は 5 歳のころから山に登り続けています。

(3) The girls have been looking for a cat for half a day.

少女たちは半日ネコを探し続けています。

(4) Tom has been sleeping since he came home.

トムは帰宅してからずっと眠り続けています。

(5) These trees have been standing here for 300 years.

これらの木々は 300 年間ここに立ち続けています。

④ 次の各文を英語にしよう。

(1) 彼らは今朝から野球をし続けています。

They have been playing baseball since this morning.

(2) あなたは長い間この町で働き続けていますか。

Have you been working in this town for a long time?

(3) 彼はどれくらい長くこのホテルに滞在していますか。

How long has he been staying at this hotel?

(4) あなたはどれくらい長く彼を待っていますか。

How long have you been waiting for him?

(5) 彼らはこの家に約 5 年間住み続けています。

They have been living in this house for about five years.

Lesson 2 Languages in India

GET Part 1, 2

教科書 p. 20, 22

受け身形（肯定文）

重要暗記文 ➔ **The kitchen is cleaned every day.**
This picture was painted by Picasso.

意味を考えよう

〈be 動詞＋動詞の過去分詞形 ...〉「…され（てい）る」

チェック！

- ☐ 1. The school gate is closed at eight thirty.
- ☐ 2. These magazines are delivered every month.
- ☐ 3. Many languages are spoken in that country.
- ☐ 4. These songs were composed by a Japanese singer.
- ☐ 5. Last night's dinner was prepared by Cindy's father.

by ... を省略できる場合

① 受身形の文の主語が people, they, we, you, one など一般的な人々を表す場合

Computers are used all over the world.

コンピューターは世界中で使われています。

② だれか特定できない場合

This house was built a few years ago.

この家は数年前に建てられました。

③ 言う必要がない場合

This museum is closed on Mondays.

この博物館は月曜日閉館です。

その台所は毎日そうじされます。
この絵はピカソによって描かれました。

文型を理解しよう

「…され（てい）る」と言うときは，〈be 動詞＋動詞の過去分詞形 ...〉で表す。その動作がだれによってされているのかを示すときは by ... を使う。

チェック！

- □ 1. 校門は 8 時半に閉められます。
- □ 2. これらの雑誌は毎月配達されます。
- □ 3. その国では多くの言語が話されています。
- □ 4. これらの歌は日本人の歌手によって作曲されました。
- □ 5. 昨夜の夕食はシンディのお父さんによって用意されました。

受身形でよく使われる動詞

- 感情を表す動詞：be surprised（驚く），be pleased（よろこぶ），be interested（興味をもっている），be shocked（ぎょっとする）など

  I was surprised at the news.

  私はその知らせに驚きました。

- 「生まれる」「死ぬ」「けがをする」などを表す動詞：be injured（けがをする），be killed（殺される），be drowned（おぼれる），be born（生まれる）など

  He was injured yesterday.

  彼は昨日，けがをしました。

文法のまとめ ❷ 教科書 p. 30

受け身形（疑問文・応答文）

重要暗記文 ➔ **Is the kitchen cleaned every day?**
—Yes, it is./ No, it is not.

意味を考えよう

〈Be 動詞＋主語＋動詞の過去分詞 ...?〉
「…され（てい）ますか」

チェック！

- □ 1. Is English used in India? —Yes, it is.
- □ 2. Is this watch broken? —No, it isn't.
- □ 3. Were these buildings designed by Gaudi?
  —Yes, they were.

文法のまとめ ❷ 教科書 p. 30

受け身形（否定文）

重要暗記文 ➔ **The kitchen is not cleaned every day.**

意味を考えよう

〈be 動詞＋ not ＋動詞の過去分詞〉「…され（てい）ない」

チェック！

- □ 1. Baseball is not played in some countries.
- □ 2. These cameras are not used anymore.
- □ 3. These birds are not seen around here.
- □ 4. This picture was not painted by Van Gogh.
- □ 5. The door was not locked.

その台所は毎日そうじされますか。
—はい，されます。/ いいえ，されません。

文型を理解しよう

「…され (てい) ますか」とたずねるときは，受け身の疑問文〈Be 動詞＋主語＋動詞の過去分詞 ...?〉を使う。答えるときは be 動詞を使って答える。

チェック！

- □ 1. 英語はインドで使われていますか。 —はい，使われています。
- □ 2. この時計は壊れていますか。 —いいえ，壊れていません。
- □ 3. これらの建物はガウディによってデザインされましたか。
  —はい，デザインされました。

文法のまとめ ❷

その台所は，毎日はそうじされません。

文型を理解しよう

「…され (てい) ない」と言うときは，be 動詞の後ろに not を置き，〈be 動詞＋ not ＋動詞の過去分詞〉で表す。

チェック！

- □ 1. 野球は一部の国ではプレーされていません。
- □ 2. これらのカメラはもう使われていません。
- □ 3. これらのトリはこのあたりでは見られません。
- □ 4. この絵はヴァン・ゴッホによって描かれたのではありません。
- □ 5. ドアはかぎがかけられていませんでした。

定期テスト対策 Lesson 2

① 次の日本語に合うように，(　　)内から適切な語句を選ぼう。

⑴ このレストランは 4 時から 6 時まで閉店しています。

This restaurant is (close / closed) from four to six.

⑵ あの家の窓は施錠されていません。

The windows of that house (are / be) not locked.

⑶ その手紙は昨日，配達されました。

The letter (was delivered / is delivering) yesterday.

⑷ 牛は市場に連れて行かれました。

The cows were (took / taken) to the market.

⑸ この話は長い間忘れられていましたか。

Was this story (forgot / forgotten) for a long time?

② 次の日本語に合うように，(　　)内に適切な語を入れよう。

⑴ *A:* この自転車は壊れていますか。

B: いいえ，壊れていません。

A: (Is) this bicycle (broken)?

B: No, (it) (isn't).

⑵ *A:* この歌はあなたの国で愛されていますか。

B: はい，愛されています。

A: (Is) this song (loved) in your country?

B: Yes, it (is).

⑶ *A:* それらの映画は黒澤が監督したものですか？

B: はい，そうです。

A: (Were) those films (directed) by Kurosawa?

B: Yes, they (were).

教科書　pp. 19～30

③ 次の各文を日本語にしよう。

(1) My country is located in South America.

私の国は南米に位置しています。

(2) The meeting was not held on Wednesday.

会議は水曜日には開催されませんでした。

(3) English is commonly used in this country.

この国では一般に英語が使われています。

(4) The garden of this temple is known for its beauty.

この寺の庭はその美しさで知られています。

(5) This district was ruled by a king for 50 years.

この地方はある王に 50 年間支配されていました。

④ 次の各文を英語にしよう。

(1) この国では 4 つの言語が話されています。

Four languages are spoken in this country.

(2) この机はもう使われていません。

This desk is not used anymore.

(3) この手紙はトムに書かれたものではありません。

This letter was not written by Tom.

(4) これらの本はおもに若い女性に読まれています。　* おもに：mainly

These books are read mainly by young women.

(5) その本がマーケットで売られていたのですか。

Was the book sold at the market?

Lesson 3 The Story of Sadako

GET Part 1

教科書 p. 36

後置修飾（動詞の -ing 形）

重要暗記文 ➔ **the girl playing tennis**
The girl playing tennis is Yuka.

意味を考えよう

〈名詞＋動詞の -ing 形〉「〜している…」

チェック！

- ☐ 1. The boy sitting on the bench is my brother.
- ☐ 2. The woman holding a school flag is our teacher.
- ☐ 3. I have a friend living in Hawaii.
- ☐ 4. We know the girl playing the guitar.
- ☐ 5. Look at the cat sleeping over there.

GET Part 2

教科書 p. 38

後置修飾（過去分詞）

重要暗記文 ➔ **a famous book written by Soseki**
This is a famous book written by Soseki.

意味を考えよう

名詞＋動詞の過去分詞
「〜された［されている］…」

チェック！

- ☐ 1. I have a book written in the 1940s.
- ☐ 2. I like vegetables grown on this farm.
- ☐ 3. I love the songs composed by John.
- ☐ 4. He wears a watch made in Switzerland.
- ☐ 5. The buildings designed by Ms. Lee are all cool.

Lesson 3 GET Part 1

テニスをしている女の子
テニスをしている女の子は由佳です。

文型を理解しよう

「～している…」と人やものの状態を説明するときは，名詞のあとに動詞の -ing 形を置いて表す。

チェック！

□ 1. ベンチにすわっている少年は私の弟です。
□ 2. 校旗を持っている女性は私たちの先生です。
□ 3. 私にはハワイに住んでいる友達がいます。
□ 4. 私たちはギターを弾いている少女を知っています。
□ 5. あそこで寝ているネコを見てください。

Lesson 3 GET Part 2

漱石によって書かれた有名な本
これは，漱石によって書かれた有名な本です。

文型を理解しよう

「～された［されている］…」と人やものの状態を説明するときは，名詞のあとに動詞の過去分詞を置いて表す。

チェック！

□ 1. 私は 1940 年代に書かれた本を持っています。
□ 2. 私はこの農場で栽培された野菜が好きです。
□ 3. 私はジョンが作曲した歌が大好きです。
□ 4. 彼はスイスで作られた腕時計をしています。
□ 5. リーさんに設計された建物はどれもかっこいいです。

文法のまとめ ③

教科書 p. 50

be glad to ...

重要暗記文 ➔ **I'm glad to hear that.**

意味を考えよう

be glad to ...「…してうれしい」

チェック！

- □ 1. I'm glad to win the prize.
- □ 2. I'm very happy to meet you.
- □ 3. I'm surprised to hear the news.
- □ 4. We're sorry to lose the game.
- □ 5. I was shocked to know the fact.

前置修飾

名詞の前に語句をつけて，人やものをくわしく説明する。分詞が 1 語で名詞を修飾するときは，前置修飾になることが多い。

There is an old castle in this town.

この町には古い城があります。

That sleeping dog is Spot.

あの眠っている犬はスポットです。

We saw a destroyed building.

私たちは破壊された建物を見ました。

私はそれを聞いてうれしいです。

文型を理解しよう

「…してうれしい」と感情の原因・理由を説明するときは，be glad to ... で表す。glad の代わりに happy（うれしい），sorry（気の毒で）など，気持ちを表すことばを入れることができる。to の後ろは動詞の原形を用いる。

チェック！

- ☐ 1. 私は賞をとってうれしいです。
- ☐ 2. 私はあなたに会ってとてもうれしいです。
- ☐ 3. 私はその知らせを聞いて驚いています。
- ☐ 4. 私たちは試合に負けて残念です。
- ☐ 5. 私は事実を知ってショックを受けました。

後置修飾

名詞を後ろから修飾する語句には，動詞の -ing 形，過去分詞以外に次のようなものがある。

・to 不定詞

I have a lot of things to do.

私にはするべきことがたくさんあります。

・前置詞が導く語句

The apple on the table is mine.

テーブルの上のリンゴは私のものです。

定期テスト対策 Lesson 3

① 次の日本語に合うように，（　　）内から適切な語句を選ぼう。

⑴ 丘を駆けている馬は美しいです。

The horses (running / run) on the hill are beautiful.

⑵ 私には大阪に住んでいるおじがいます。

I have an uncle (lived / living) in Osaka.

⑶ 図書館の横に建てられた美術館はまもなく開館します。

The museum (built / build) next to the library will open soon.

⑷ 生徒に使われているコンピューターは約 5 年前のものです。

The computers (using / used) by the students are about five years old.

⑸ あなたのパーティーに招待されてうれしいです。

I'm glad (to / to be) invited to your party.

② 次の日本語に合うように，（　　）内に適切な語を入れよう。

⑴ *A:* オノダさんが設計した建物の写真を見たことがありますか。

B: はい。見てとても驚きました。

A: Have you ever seen the pictures of the buildings (designed) by Mr. Onoda?

B: Yes. I was very (surprised) (to) see them.

⑵ *A:* あそこで歌っている男の子はだれですか？

B: 彼は陸です。でも，彼の隣に立っている女の子は知りません。

A: Who is the boy (singing) over there?

B: He's Riku. But I don't know the girl (standing) next to him.

教科書 pp. 35 ~ 50

③ 次の各文を日本語にしよう。

(1) Be careful. There is broken glass there.

気をつけて。そこに割れたガラスがあります。

(2) This is a famous speech given by President Obama.

これはオバマ大統領が行った有名なスピーチです。

(3) The remaining tickets are few.

残っているチケットはほとんどありません。

(4) Who was the woman talking to you?

あなたに話しかけていた女性はだれでしたか。

(5) I'm sorry to be late.

遅れてごめんなさい。

④ 次の各文を英語にしよう。

(1) 公園でサッカーをしている少年たちは私の友人です。

The boys playing soccer in the park are my friends.

(2) 壁に沿って歩いているネコは私のです。

The cat walking along the wall is mine.

(3) あなたは英語で書かれた本を読めますか。

Can you read a book written in English?

(4) これらは彼のコンサートで歌われた歌です。

These are the songs sung in his concert.

(5) 私はそのニュースを聞いてショックを受けました。

I was shocked to hear the news.

Lesson 4 The World's Manga and Anime

GET Part 1

教科書 p. 52

関係代名詞（主格）

重要暗記文 ➔ **a book that [which] has beautiful pictures**
I have a book that [which] has beautiful pictures.

意味を考えよう

〈名詞（もの）+ that [which] +動詞 ...〉「…する～」

チェック！

- ☐ 1. I've been reading a book that has 500 pages.
- ☐ 2. We'll stay in a hotel which stands by the lake.
- ☐ 3. I have a book that has a beautiful cover.
- ☐ 4. He has a dog which looks like a lion.

GET Part 2

教科書 p. 54

関係代名詞（主格の who）

重要暗記文 ➔ **a friend who [that] can speak Spanish**
I have a friend who [that] can speak Spanish.

意味を考えよう

〈名詞（人）+ that +動詞 ...〉「…する～」

チェック！

- ☐ 1. I know a boy who won the music prize.
- ☐ 2. I know a girl that sings very well.
- ☐ 3. The boy who is trying to ride a unicycle is my brother.
- ☐ 4. Tom has some friends that always help him.

Lesson 4 **GET** Part 1

美しい写真が載っている本
私は美しい写真が載っている本を持っています。

文型を理解しよう

あるもの (名詞) について「…する～」というとき，〈名詞 (もの) + that [which] +動詞 ...〉を使うことができる。この that [which] は関係代名詞という。

チェック！

- □ 1. 私は 500 ページある本を読み続けています。
- □ 2. 私たちは湖のそばに立つホテルに泊まります。
- □ 3. 私は美しい表紙の本を持っています。
- □ 4. 彼はライオンのように見えるイヌを飼っています。

Lesson 4 **GET** Part 2

スペイン語が話せる友達
私にはスペイン語が話せる友達がいます。

文型を理解しよう

ある人について「…する人」というとき，〈名詞 (人) + who [that] +動詞 ...〉を使うことができる。

チェック！

- □ 1. 私はその音楽賞をとった少年を知っています。
- □ 2. 私は歌がとてもうまい少女を知っています。
- □ 3. 一輪車に乗ろうとしている男の子は私の弟です。
- □ 4. トムにはいつも彼を手伝ってくれる友達がいます。

定期テスト対策 Lesson 4

① 次の日本語に合うように，(　　) 内から適切な語句を選ぼう。

(1) 私はよいレシピが載っているノートを持っています。
I have a notebook (which is / that has) good recipes.

(2) 私はアメリカで作られた腕時計を持っています。
I have a watch (which / when) was made in the US.

(3) トムはいつも大きすぎるように見えるＴシャツを着ています。
Tom always wears a T-shirt (that / who) looks too big.

(4) 私は花がたくさんある庭が好きです。
I love a garden (there / that) has many flowers.

(5) 私は道を聞いてきた男性を知りません。
I don’t know the man (and / who) asked me the way.

② 次の日本語に合うように，(　　) 内に適切な語を入れよう。

(1) *A:* あなたにはアメリカに住んでいる友達はいますか。
B: はい，います。オーストラリアに住んでいる友達もいます。
A: Do you have a friend (who) (lives) in America?
B: Yes, I do. I also have a friend (who) (lives) in Australia.

(2) *A:* これは京都を周回するバスですか。
B: はい。ガイドは旗を持っている人です。
A: Is this the bus (that [which]) goes around Kyoto?
B: Yes. The guide is the person (who [that]) is holding a flag.

(3) *A:* あなたは最近封切られた映画をもう見ましたか。
B: ルーカスが監督した映画のことですか。
A: Have you seen the movie (that [which]) was released recently?
B: You mean the one (that [which]) was directed by Lucas?

③ 次の各文を日本語にしよう。

(1) I have a brother who goes to elementary school.

私には小学校に通う弟がいます。

(2) We are going to visit the tower which was built in Asakusa 10 years ago.

私たちは 10 年前に浅草に建てられたタワーを訪れるつもりです。

(3) The soccer player who is called the “King” is this one.

「キング」と呼ばれるサッカー選手がこちらです。

(4) Do you like the cake that is sold in that bakery?

あのパン屋で売られているケーキは好きですか。

(5) This is an event which introduces Japanese culture.

これは日本文化を紹介するイベントです。

④ 次の各文を英語にしよう。

(1) 彼は赤い屋根の家に住んでいます。

He lives in a house that [which] has a red roof.

(2) あなたにはギターをひける友達がいますか。

Do you have friends who can play the guitar?

(3) トムにはロンドンに住んでいるおばさんがいます。

Tom has an aunt who lives in London.

(4) 私たちの先生はバインダーを持っている女性です。

Our teacher is the woman who is holding a binder.

(5) あなたは駅に行くバスを待っているのですか。

Are you waiting for the bus that [which] goes to the station?

Lesson 5 I Have a Dream

GET Part 1

教科書 p. 70

関係代名詞（目的格）

重要暗記文 ➔ **the book that [which] I read last night**
This is the book that [which] I read last night.

意味を考えよう

〈名詞 (もの) ＋ that [which] ＋主語＋動詞 ...〉「(主語) が…する～」

✔ チェック！

☐ 1. This is the new CD that you should listen to.
☐ 2. Show me the pictures which you took the other day.
☐ 3. Poppy is the cat which my neighbor gave me.
☐ 4. This is the bag that my mother made me.
☐ 5. The stories which Ben wrote were interesting.

GET Part 2

教科書 p. 72

名詞を修飾する文（後置修飾）

重要暗記文 ➔ **the country I want to visit**
The country I want to visit is France.

意味を考えよう

〈名詞 (もの) ＋主語＋動詞 ...〉「(主語) が…する～」

✔ チェック！

☐ 1. This is the song most baseball fans sing.
☐ 2. *Big Fish* is the movie I cannot forget.
☐ 3. The animal we're taking care of is a rabbit.
☐ 4. The dictionary my brother is using is very thick.
☐ 5. The best book I have ever read is *Momo*.

Lesson 5 GET Part 1

私が昨夜読んだ本
これは，私が昨夜読んだ本です。

文型を理解しよう

あるもの（名詞）について「—が…する〜」というとき，〈名詞（もの）+ that [which] +主語+動詞 ...〉を使うことができる。

チェック！

- □ 1. これはあなたが聴くべき新しい CD です。
- □ 2. あなたが先日撮った写真を見せてください。
- □ 3. ポピーは近所の人が私にくれたネコです。
- □ 4. これは私の母が私に作ってくれたかばんです。
- □ 3. ベンが書いた物語はおもしろかったです。

Lesson 5 GET Part 2

私が訪れたい国
私が訪れたい国はフランスです。

文型を理解しよう

「（人などが）〜する…」のように名詞を説明するときは，名詞のあとに〈主語+動詞〉を直接つなげて表すことができる。

チェック！

- □ 1. これはほとんどの野球ファンが歌う歌です。
- □ 2.『ビッグフィッシュ』は私が忘れられない映画です。
- □ 3. 私たちが世話をしている動物はウサギです。
- □ 4. 兄が使っている辞書は分厚いです。
- □ 5. 私がこれまでに読んだ最高の本は『モモ』です。

① 次の日本語に合うように，(　　) 内から適切な語句を選ぼう。

⑴ 私が世話をしているネコは，隣人のネコです。

The cat (which / who) I've been taking care of is my neighbor's.

⑵『トイストーリー』はトムが好きな映画です。

Toy Story is the movie (who / that) Tom likes.

⑶ これはケイトが描いた絵です。

This is the picture (which / who) Kate painted.

⑷ 彼らは私がよくいっしょにお昼を食べる友達です。

They are my friends (who / which) I often have lunch with.

⑸ あなたが昨日見つけた本は私のものです。

The book (who / that) you found yesterday is mine.

② 次の日本語に合うように，(　　) 内に適切な語を入れよう。

⑴ *A:* 私が東京で訪れるべき場所はありますか。

B: はい。その 1 つは東京タワーです。

A: Are there any places (that) I should visit in Tokyo?

B: Yes. One of them is Tokyo Tower.

⑵ *A:* あれはあなたがこの間壊した時計ですか。

B: はい，そうです。

A: Is that the watch (that) you broke the other day?

B: Yes, it is.

⑶ *A:* これまでに見た中で最もいい映画は何ですか。

B: それは難しい質問ですね。

A: What's the best (movie) (you) have ever seen?

B: It's a difficult question.

③ 次の各文を日本語にしよう。

(1) The place that we'll visit is the Atomic Bomb Dome.

私たちが訪れる場所は原爆ドームです。

(2) This is the best book I've ever read.

これは私がこれまでに読んだ最高の本です。

(3) The bread Yumi baked for me was delicious.

ユミが私のために焼いてくれたパンはおいしかったです。

(4) Tom is the friend that I play tennis with.

トムは私がいっしょにテニスをする友人です。

(5) This is the song which my mother sang for me when I was little.

これは私が幼いころ母が私のために歌ってくれた歌です。

④ 次の各文を英語にしよう。

(1) 今夜私たちが見る映画は『A.I.』です。

The movie (that [which]) we're going to see tonight is *A.I.*

(2) 私が会いたい人は祖母です。

The person (who [that]) I want to see is my grandmother.

(3) あれがあなたが買いたかった自転車ですか。

Is that the bike [bicycle] (that [which]) you wanted to buy?

(4) あなたがこれまでに会った最高の人はだれですか。

Who is the best person (who [that]) you've ever met?

(5) 私たちが休暇中に読むべき本はありますか。

Is there a book (that [which]) we should read during vacation?

Lesson 6 Imagine to Act

GET Part 1

教科書 p. 88

仮定法（if）

重要暗記文 ➔ **If I had wings, I could fly.**

意味を考えよう

〈If ＋主語＋動詞の過去形 ..., 主語＋ could [would] ＋動詞の原形 ～ .〉「もし…であれば～だろうに」

チェック！

☐ 1. If I had time, I would play with you.
☐ 2. If I had much money, I would travel around the world.
☐ 3. If I lived in Tokyo, I could work at that cafe.
☐ 4. If Ken joined our team, we could win the game.
☐ 5. What would you do if you had 1,000,000 yen?

GET Part 2

教科書 p. 90

仮定法（I wish）

重要暗記文 ➔ **I wish I had wings.**
I wish I could fly.

意味を考えよう

〈I wish I + (助) 動詞の過去形 ...〉「…であればいいのになあ」

チェック！

☐ 1. I wish I had friends all over the world.
☐ 2. I wish I could see dinosaurs.
☐ 3. I wish I had a time machine.
☐ 4. I wish I could go to the past.

Lesson 6 GET Part 1

もし私に翼があれば，私は飛べるだろうに。

文型を理解しよう

「もし…であれば～だろうに」と，現在の事実とは違うことや，可能性が（ほとんど）ないことについて言うときは，〈If ＋主語＋動詞の過去形 ..., 主語＋ could [would] ＋動詞の原形～ .〉で表す。

チェック！

- □ 1. もし時間があれば，あなたと遊ぶだろうに。
- □ 2. もしお金がたくさんあれば，世界中を旅するだろうに。
- □ 3. もし私が東京に住んでいれば，あのカフェで働けるのに。
- □ 4. もしケンが私たちのチームに入れば，試合に勝てるだろうに。
- □ 5. もし 100 万円あれば，あなたは何をするだろうか。

Lesson 6 GET Part 2

翼があればいいのになあ。
飛べればいいのになあ。

文型を理解しよう

「…であればいいのになあ」と，現在の事実とは違う願望を表すときは，〈I wish I ＋（助）動詞の過去形 ...〉を使う。

チェック！

- □ 1. 世界中に友達がいればいいのになあ。
- □ 2. 恐竜を見られればいいのになあ。
- □ 3. タイムマシンがあればいいのになあ。
- □ 4. 過去に行ければいいのになあ。

文法のまとめ ⑤

教科書 p. 102

仮定法（if I were you）

重要暗記文 ➔ **If I were you, I would cook her dinner.**

意味を考えよう

If I were ..., I would ～ .「もし私が…なら，～だろう」

✔ チェック！

☐ 1. If I were you, I would send her a letter.
☐ 2. If I were you, I would not do such a thing.
☐ 3. If I were you, I would sing a song for him.
☐ 4. If I were you, I would make a delicious cake.
☐ 5. If I were you, I would study abroad.

〈If ＋主語＋動詞の現在形 ...〉の文

if が導く節の動詞が現在形の場合，if 節の内容は可能性があることを示す。この if は〈仮定〉ではなく〈条件〉を表していると考えるとよい。

If I have time, I will go shopping.
もし時間があれば，買い物に行きます。

If it is fine tomorrow, I will go fishing.
もし明日晴れたら，私は釣りに行きます。

もし私があなたなら，彼女に夕飯を作るだろう。

文型を理解しよう

「もし私が…なら～だろう」と言うときは If I were ..., I would ～ . で表す。主語は I だが were が使われることが多い。

チェック！

- □ 1. もし私があなたなら，彼女に手紙を送るだろう。
- □ 2. もし私があなたなら，そんなことはしないだろう。
- □ 3. もし私があなたなら，彼に歌を歌うだろう。
- □ 4. もし私があなたなら，おいしいケーキを作るだろう。
- □ 5. もし私があなたなら，留学するだろう。

仮定法の文と話者の意図

仮定法の文は，客観的に見て可能性がほぼない場合のほか，話者が「可能性がない」と判断することで仮定法が使われることがある。

If I had time tomorrow, I would go shopping.

もし明日時間があれば，買い物に行くだろうに。

※ この文は仮定法なので，話者は「明日は忙しくて買い物に行く時間がない」と考えていることがわかる。

定期テスト対策 Lesson 6

① 次の日本語に合うように，(　　) 内から適切な語句を選ぼう。

(1) もし私がひまだったら，きみとサッカーをするのに。

If I (am / were) free, I would play soccer with you.

(2) もしあなたがいいと言うのなら，その本を買うのに。

I would buy the book (if / and) you said it's good.

(3) 世界中に友達がいればいいのになあ。

I wish I (had / have) friends all over the world.

(4) 1年中サーフィンを楽しめたらいいのになあ。

I wish I (can / could) enjoy surfing all year round.

(5) もしどこにでも行けるなら，どこに行きますか。

Where (will / would) you go if you (can / could) go anywhere?

② 次の日本語に合うように，(　　) 内に適切な語を入れよう。

(1) *A:* あなたが歌手だったら何をしますか。

B: 私はヨーロッパでコンサートをするでしょう。

A: What would you do (if) you (were) a singer?

B: I (would) (have [hold]) a concert in Europe.

(2) *A:* もしあなたが私なら，何をしますか。

B: 試合に勝つためにもっと練習するでしょう。

A: What would you do if you (were) (me)?

B: I (would) practice harder to win the game.

(3) *A:* もし1000万円あったら，何をしますか。

B: 自分のパン屋を開くでしょう。

A: What would you do if you (had) 10 million yen?

B: I (would) (open) my own bakery.

③ 次の各文を日本語にしよう。

(1) If you could meet anybody, who would you meet?

もしだれにでも会えるとしたら，だれに会いますか。

(2) If I were taller, I would join the volleyball club.

もし背が高かったら，私はバレー部に入るだろうに。

(3) I wish I could play soccer as well as this player.

この選手と同じくらいサッカーがうまければなあ。

(4) If I were a writer, I would write interesting novels.

もし私が作家だったら，おもしろい小説を書くでしょう。

(5) I would go to Africa if I could go anywhere.

もしどこにでも行けるなら，私はアフリカに行くでしょう。

④ 次の各文を英語にしよう。

(1) もし私があなたなら，ハンバーガーを作るだろう。

If I were you, I would make hamburgers.

(2) もし時間があれば，彼らとテニスをするのに。

If I had time, I would play tennis with them.

(3) もし私が大阪に住んでいたら，もっとひんぱんにあなたに会えるのに。

If I lived in Osaka, I could meet you more often.

(4) もし明日晴れたなら，私はハイキングに行くのに。

If it were fine tomorrow, I would go hiking.

(5) 今日学校があればいいのになあ。

I wish I had school today.

Lesson 7 For Our Future

GET Part 1

教科書 p. 104

「なぜ…なのか」（間接疑問）

重要暗記文 ➔ **I don't know why Miki is sad.**

意味を考えよう

〈why ＋主語＋動詞 ...〉「なぜ…なのか」

チェック！

- □ 1. Please tell me why you are tired.
- □ 2. Do you know why Tom went there?
- □ 3. I can't understand why you said no.
- □ 4. I know what Kate is trying to do.
- □ 5. I couldn't figure out what people were thinking.

文法のまとめ ❻

教科書 p. 116

「どこに…したのか」（間接疑問）

重要暗記文 ➔ **Do you know where he went yesterday?**

意味を考えよう

〈where ＋主語＋動詞 ...〉「どこに…なのか」

チェック！

- □ 1. I can't tell where they're going.
- □ 2. I don't know where I lost my key.
- □ 3. Tell me where you bought this bread.
- □ 4. I asked him where I should go.

私は，美紀がなぜ悲しいのかわかりません。

文型を理解しよう

文中で「なぜ…なのか」と言うときは，〈why（疑問詞）＋主語＋動詞 ...〉の順になる。「何を…なのか」と言うときは，〈what（疑問詞）＋主語＋動詞 ...〉で表す。

チェック！

- □ 1. あなたがなぜ疲れているのか教えてください。
- □ 2. トムがなぜそこに行ったのか知っていますか。
- □ 3. あなたがなぜ断ったのか理解できません。
- □ 4. ケイトが何をしようとしているか知っています。
- □ 5. 人々が何を考えているか理解できませんでした。

文法のまとめ ❻

彼が昨日どこに行ったのか知っていますか。

文型を理解しよう

文中で「どこに…なのか」と言うときは，〈where（疑問詞）＋主語＋動詞 ...〉の順になる。

チェック！

- □ 1. 彼らがどこに行くのか，私は言えません。
- □ 2. どこで鍵をなくしたのかわかりません。
- □ 3. どこでこのパンを買ったのか教えてください。
- □ 4. どこに行けばいいのか，私は彼に聞きました。

文法のまとめ ⑥

教科書 p. 116

「…がだれなのか」(間接疑問)

重要暗記文 ➔ **Please tell me who that girl is.**

意味を考えよう

〈who ＋主語＋動詞〉「…がだれなのか」

チェック!

- ☐ 1. She didn’t tell me who the woman was.
- ☐ 2. I don’t know who I should ask for help.
- ☐ 3. We all know who he really is.
- ☐ 4. Tell me who said such a thing.
- ☐ 5. Do you know who broke the window?

ふつうの疑問文の語順

Why did you leave early?
あなたはなぜ早く帰ったのですか。

Where does Tom live?
トムはどこに住んでいますか。

Who is that man?
あの男性はだれですか。

When will Tom come back?
トムはいつ帰ってきますか。

What is she doing?
彼女は何をしていますか。

How can I get to the station?
駅へはどう行けばいいですか。

あの女の子がだれなのか教えてください。

文型を理解しよう

文中で「…がだれなのか」と言うときは，〈who（疑問詞）＋主語＋動詞 ...〉の順になる。

チェック！

- □ 1. その女性がだれなのか，彼女は教えてくれませんでした。
- □ 2. だれに助けを求めればいいのかわかりません。
- □ 3. 彼が本当はだれなのか私たち全員が知っています。
- □ 4. だれがそんなことを言ったのか教えてください。
- □ 5. だれが窓を割ったのか知っていますか。

間接疑問文の語順

I know why you left early.
あなたがなぜ早く帰ったのか知っています。

I don't know where Tom lives.
トムがどこに住んでいるか知りません。

Do you know who that man is?
あの男性がだれなのか知っていますか。

I can't say when Tom will come back.
トムがいつ帰ってくるか言えません。

Please tell me what she is doing.
彼女が何をしているか教えてください。

Can you tell me how I can get to the station?
駅へはどう行けばいいか教えてくれますか。

GET Part 2

教科書 p. 106

help + A +動詞の原形

重要暗記文 ➔ **Miki helped me cook lunch.**

意味を考えよう

〈help + A +動詞の原形〉「A (人) が…するのを手伝う」

チェック!

☐ 1. He helped me finish my homework.
☐ 2. I help my mother wash the dishes.
☐ 3. Will you help me carry my bag?
☐ 4. Please help me find my wallet.
☐ 5. Tom will help her plan the party.

文法のまとめ ⑥

教科書 p. 116

want + A + to ...

重要暗記文 ➔ **I want you to decorate the room.**

意味を考えよう

〈want + A + to ...〉「A (人など) に…してもらいたい」

チェック!

☐ 1. I want my brother to clean his room.
☐ 2. He wants me to help him.
☐ 3. I asked Ken to go with me.
☐ 4. My mother told me to cook dinner.
☐ 5. I will tell Kate to join our club.

美紀は私が昼食を作るのを手伝ってくれました。

文型を理解しよう

「A (人) が…するのを手伝う」と言うときは〈help + A +動詞の原形〉で表す。〈help + A + to ...〉で表すこともある。

チェック！

- □ 1. 彼は私が宿題を終えるのを手伝ってくれました。
- □ 2. 私は母が皿を洗うのを手伝います。
- □ 3. 私がかばんを運ぶのを手伝ってくれませんか。
- □ 4. 私が財布を探すのを手伝ってください。
- □ 5. トムは彼女がパーティーを計画するのを手伝うでしょう。

文法のまとめ ❻

私はあなたに部屋の飾りつけをしてもらいたいです。

文型を理解しよう

「A (人など) に…してもらいたい」と言うときは，〈want + A + to ...〉で表す。tell，ask も同じ形で使うことができる。

チェック！

- □ 1. 私は弟に彼の部屋をそうじしてもらいたいです。
- □ 2. 彼は私に彼を手伝ってもらいたがっています。
- □ 3. 私はケンにいっしょに行ってくれるよう頼みました。
- □ 4. 母は私に夕食を料理するよう言いました。
- □ 5. 私はケイトに私たちのクラブに入るように言います。

定期テスト対策 Lesson 7

① 次の日本語に合うように，（　　）内から適切な語句を選ぼう。

(1) その少年たちがだれなのか私は知っています。

I know who (are those boys / those boys are).

(2) 今あなたがどこにいるのか教えてください。

Tell me where (you are / are you) now.

(3) 私のイヌを探すのを手伝ってくれませんか。

Will you help me (find / to finding) my dog?

(4) 皆さんに楽しんでもらいたいです。

I want you all (have / to have) a good time.

(5) 彼女がなぜ腹を立てているのかわかりません。

I don't know (why is she / why she is) upset.

② 次の日本語に合うように，（　　）内に適切な語を入れよう。

(1) *A:* 彼が昨日どこにいたか知っていますか。

B: いいえ，知りません。

A: Do you know (where) (he) (was) yesterday?

B: No, I don't.

(2) *A:* あなたは何の職業につくか想像できますか。

B: できませんが，人のために働きたいです。

A: Can you imagine (what) job (you) will have?

B: I can't, but I want (to) (work) for people.

(3) *A:* 彼がだれなのか推測できますか。

B: いいえ，できません。新しい先生ですか。

A: Can you guess who (he) (is)?

B: No, I can't. (Is) (he) our new teacher?

③ 次の各文を日本語にしよう。

(1) I couldn't figure out what he was thinking.

彼が何を考えていたか，理解できませんでした。

(2) Tom helped me write an essay in English.

トムは私が英語でエッセイを書くのを手伝ってくれました。

(3) Our teacher wants us to use our imagination.

私たちの先生は私たちに想像力を使ってほしいのです。

(4) Please tell me how I can get to the library.

図書館へはどう行けばいいか教えてください。

(5) I don't know who I should visit there.

そこでだれを訪ねればいいのか，わかりません。

④ 次の各文を英語にしよう。

(1) 彼女がどこで事故にあったのか知りません。

I don't know where she had an accident.

(2) ケイトがなぜ泣いているのか知っていますか。

Do you know why Kate is crying?

(3) その男の子はだれだったのか，私は彼女に聞きました。

I asked her who the boy was.

(4) スピーチの準備をするのを手伝ってくれませんか。

Will you help me prepare for the speech?

(5) 私たちの先生は私たちに将来についてのプレゼンテーションをするよう言いました。

Our teacher told us to do the presentation about our future.

GET Plus 1

教科書 p. 48

それを聞いてうれしいです

重要暗記文 ➔ **I'm glad to hear that.**

意味を考えよう

be glad to ...
「…してうれしい」

チェック！

☐ 1. I'm glad to see you again.
☐ 2. I'm glad to get a good score.
☐ 3. I'm sorry to call you so late.
☐ 4. I'm happy to talk with you.
☐ 5. I'm surprised to win the prize.

GET Plus 2

教科書 p. 100

もし私があなたなら

重要暗記文 ➔ **If I were you, I would cook her dinner.**

意味を考えよう

If I were you, I would ....
「もし私があなただったら…するだろう」

チェック！

☐ 1. If I were you, I would study abroad.
☐ 2. If I were you, I would talk about health.
☐ 3. If I were him, I would write about peace.
☐ 4. If I were Tom, I would learn tea ceremony.
☐ 5. If I were her, I would work as a volunteer.

GET Plus 1

私はそれを聞いてうれしいです。

文型を理解しよう

「…してうれしい」と言うときは，be glad to ... で表す。happy，sorry，surprised なども同様に使うことができる。

チェック！

☐ 1. またあなたにお会いできてうれしいです。
☐ 2. いい点がとれてうれしいです。
☐ 3. こんなに遅くお電話してすみません。
☐ 4. あなたとお話できてうれしいです。
☐ 5. 賞をとれて驚きです。

GET Plus 2

もし私があなたなら，彼女に夕飯を作るだろう。

文型を理解しよう

「もし私があなただったら…するだろう」と言うときは，If I were you, I would ... で表す。

チェック！

☐ 1. もし私があなたなら，留学するだろう。
☐ 2. もし私があなたなら，健康について話すだろう。
☐ 3. もし私が彼なら，平和について書くだろう。
☐ 4. もし私がトムなら，茶道を学ぶだろう。
☐ 5. もし私が彼女なら，ボランティアとして働くだろう。

GET Plus 3 教科書 p. 114

教室の飾りつけをしてもらいたいです

重要暗記文 ➔ **I want you to decorate the room.**

意味を考えよう

want + A + to ...「A に…してもらいたい」

✔ チェック！

- ☐ 1. I want you to plan a special event.
- ☐ 2. I will ask everyone to bring some food.
- ☐ 3. I asked Tom to make a speech.
- ☐ 4. Kei told me to take pictures.
- ☐ 5. We want you to have fun.

would like + A + to ...

ていねいに指示したり，希望を伝えたりするとき〈would like + A + to ...〉を使う。〈want + A + to ...〉のていねいな言い方。

I'd like you to play the piano.
私はあなたにピアノを弾いていただきたいです。

I'd like you to enjoy the party.
私はあなたにパーティーを楽しんでいただきたいです。

We'd like you to tell us about school life in London.
ロンドンでの学校生活について話していただきたいのですが。

I'd like you to meet someone.
会ってほしい人がいるんですが。

私はあなたに部屋の飾りつけをしてもらいたいです。

文型を理解しよう

「…に～してもらいたい」と言うときは，〈want + A + to ...〉で表す。tell，ask も同じ形で使うことができる。

チェック！

- □ 1. 私はあなたに特別なイベントを計画してもらいたいです。
- □ 2. 私はみんなに食べ物を持ってくるよう頼みます。
- □ 3. 私はトムにスピーチをするよう頼みました。
- □ 4. ケイは私に写真を撮るよう言いました。
- □ 5. 私たちはあなた方に楽しんでもらいたいです。

would like to ...

want to ... のていねいな言い方は would like to ... になる。「…したい」とていねいに希望を伝えるときなどに使う。

I'd like to ask a question.
質問をしたいのですが。

I'd like to introduce my friend.
紹介したい友人がいるのですが。

I'd like to order.
注文したいのですが。

What would you like to drink?
飲み物は何がよろしいですか。

高校入試対策 ①

1 次の日本語に合う英文になるように，（　　）に入る適切な語句を選びなさい。

(1) 私の姉はテニスがじょうずです。将来はプロ選手になりたいと思っています。

My sister (does / is) very good at tennis. She wants to be a professional player in the future.

(2) A: このプールではどれくらいよく泳いでいるのですか。

B: ほぼ毎日です。

A: How (long / often) do you swim in this pool?

B: Almost every day.

(3) ケンの夢は医師として人を助けることです。彼は夢の実現のために一生懸命努力をしています。

Ken’s dream is to help people as a doctor. He works hard (to realize / realized) his dream.

2 次の日本語に合う英文になるように，（　　）に適切な語を入れなさい。ただし，【　　】内の動詞を適切な形にして使うこと。

(1) 母は私に数冊の本をくれました。【give】

My mother (gave) (me) some (books).

(2) ジョンがあなたと同じくらいたくさんの本を持っているとは思いません。【have】

I don’t think John (has) (as) (many) books as you do.

(3) ホワイトさんは 2019 年から長野に住んでいます。【live】

Mr. White (has) (been) (living) in Nagano since 2019.

3 次の対話文を読んで，続く問いに答えなさい。

Yumi: Paul, is this (①)?

Paul: Yes, that's my key! But (②) do you have it?

Yumi: I found it in the library. It was on the floor near the counter.

Paul: ③ I've been looking for this for many hours. Thank you.

(1) (①) に入る y から始まる単語を答えなさい。

yours

(2) (②) に入る適切な語をア～ウから選びなさい。

ア．how　イ．when　ウ．why

(3) 下線部③を日本語に直しなさい。

私はこれを何時間もずっと探していました。

4 次の日本語に合う英文になるように，(　　) 内の語句を並べかえて英文を完成させなさい。

(1) 私たちのクラスでは，マリがいちばんピアノがじょうずです。

Mari (pianist / best / is / in / the) our class.

Mari is the best pianist in our class.

(2) 私たちはパーティでいっしょに踊って楽しみました。

We (at / enjoyed / the party / dancing together).

We enjoyed dancing together at the party.

(3) ブライアンはパリで料理を学ぶつもりです。

Brian (in / cooking / going / is / learn / to) Paris.

Brian is going to learn cooking in Paris.

高校入試対策 ②

1 **次の英文の意味として最も適切なものをア～ウから選びなさい。**

(1) The dog sleeping at the gate is a Shiba inu.

ア．門にいる人が柴犬を寝かしつけている。

イ．門のところで眠っているイヌは柴犬である。

ウ．柴犬と別のイヌが門で寝ている。

(2) Many of my friends call me Sen-chan.

ア．友達の多くは私をせんちゃんと呼ぶ。

イ．多くの友達がせんちゃんに電話をかけた。

ウ．私にはせんちゃんと呼ばれている友達が多い。

(3) We go to Hokkaido every summer because my grandparents live there.

ア．私たちが毎年夏に北海道に行く理由は，祖父母が住んでいるからである。

イ．もし祖父母が今でも北海道に住んでいたら，夏にそこへ行ってみたい。

ウ．祖父母が北海道に住んでいたとき，私たちは夏によく２人を訪ねた。

2 **次の日本語に合う英文になるように，(　　) 内の語句を並べかえて英文を完成させなさい。ただし，不要な語句が１つある。**

(1) 私の父は私が自分の自転車を修理するのを手伝ってくれました。

(my bike / fix / me / helped / my father / fixing).

My father helped me fix my bike.

(2) このゾウはあなたの両親よりも年上です。

(as / your parents / is / this / older / elephant / than).

This elephant is older than your parents.

(3) この記事はその俳優を非常に怒らせました。

(made / angry / really / this article / the actor / let).

This article made the actor really angry.

3 **次の英文を日本語に直しなさい。**

(1) This temple was built more than 300 years ago.

この寺は 300 年以上前に建てられました。

(2) It is important to try to use English every day.

毎日英語を使ってみようとすることが大事です。

(3) I know a person who teaches Japanese in London.

私はロンドンで日本語を教えている人物を知っています。

4 **次の対話文を読んで，続く問いに答えなさい。**

Nancy: (①) are you doing here?

Toshi: I'm doing my homework. ②I have to write an essay by next Monday.

Nancy: What are you writing about?

Toshi: About how to slow down global warming.

Nancy: That (③) a little difficult.

Toshi: Yes, it is. ④I have already read four books about global warming to understand the problem better.

(1) (①) に入る適切な語をア～ウから選びなさい。

ア. What　イ. How　ウ. Where

(2) 下線部②を日本語に直しなさい。

私は次の月曜日までに作文を書かなければなりません。

(3) (③) に入る適切な語をア～ウから選びなさい。

ア. does　イ. makes　ウ. sounds

(4) 下線部④を日本語に直しなさい。

私はその問題をよりよく理解するために，すでに地球温暖化に関する本を 4 冊読みました。

高校入試対策 ③

1 次の英文には誤りを含む下線部が１つある。誤りがある下線部をア～ウから選んで記号で答え，日本語に合う英文になるように正しい語句を書きなさい。

(1) A: 何の教科が好きですか。数学ですか。
B: 数学は好きですが，歴史のほうがもっと好きです。
A: ア Whose subjects do you like? Math?
B: I like math イ but I like history ウ more.
(記号：ア　　正しい語句：What [Which])

(2) A: 私は一度も海外に行ったことがありません。あなたはどうですか。
B: 私は去年の夏にグアムに行きました。
A: I ア have never been abroad. How イ about you?
B: I ウ have been to Guam last summer.
(記号：ウ　　正しい語句：went)

(3) 私がみんなのためにサンドイッチを作りますから，あなたは自分の昼食を持って来る必要はありません。
I ア will make sandwiches for everybody, so you イ must bring ウ your own lunch.
(記号：イ　　正しい語句：don't have [need] to)

2 次の日本語に合う英文を書きなさい。ただし，(　　) 内の語句を必ず使うこと。

(1) この機械の使い方を知っていたらなあ。
(wish / to use)
I wish I knew how to use this machine.

(2) 私はこの公園で５月に開催される祭りに興味があります。
(interested / held)
I am interested in the festival (that is) held in this park in May.

3 次の対話文を読んで，続く問いに答えなさい。

Yumi: ① How about going to the restaurant that opened near my house last month?

Ken: Isn't it expensive?

Mark: My sister said it was but the foods were nice. She went there with her friends last week.

Yumi: Don't worry, guys. ② I have some coupons (　　)(　　)(　　) at the restaurant. We can get a 30% discount.

Ken: That's great! Let's go now!

Mark: My sister didn't say anything about coupons. (③) did you get them, Yumi?

Yumi: I found them online.

(1) 下線部①を日本語に直しなさい。

先月私の家の近くにオープンしたレストランに行くのはどうですか。

(2) 下線部②が「私たちがそのレストランで使うことができる割引券を持っています」という意味になるように（　）に適切な語を入れなさい。

I have some coupons (we)(can)(use) at the restaurant.

(3) （ ③ ）に入る適切な語をア～ウから選びなさい。

ア．When　　イ．How　　ウ．What

(4) 次の各文について，本文の内容に合う場合は○を，合わない場合は×を（　）に入れなさい。

ア．マークの姉によると，新しくオープンしたレストレランは料理がおいしくない。（ × ）

イ．ユミは食事代が 30%引きになる割引券を持っている。（ ○ ）

ウ．ケンは新しいレストランに行くのはやめようと提案している。（ × ）

1 年生の文型の整理

Lesson 1

- ☐ I am Tanaka Hana.
- ☐ You are a dancer.
- ☐ I play tennis.
- ☐ Are you a baseball fan?
  — Yes, I am. / No, I am [I'm] not.
- ☐ Do you play rock?
  — Yes, I do. / No, I do not [don't].
- ☐ I am [I'm] not good at the guitar.
- ☐ I do not [don't] play baseball.

Lesson 2

- ☐ I can make pudding.
- ☐ I cannot bake cookies.
- ☐ Can you dance?
  — Yes, I can. / No, I cannot [can't].

Lesson 3

- ☐ This is a dress.
- ☐ This is not [isn't] a dress.
- ☐ Is this Wakaba Shrine?
  — Yes, it is. / No, it is not [isn't].
- ☐ What is this? — It is a library.
- ☐ This is Wakaba-kun. I like him.
- ☐ Who is this woman? — She is Makiko.
- ☐ Play the guitar.
- ☐ Don't play the guitar.
- ☐ Let's take a picture.
- ☐ What do you have in your hand? — I have a book.
- ☐ What food do you like? — I like rice balls.
- ☐ How many butterflies do you see? — I see six butterflies.

Lesson 4

- ☐ Miki plays tennis.
- ☐ Does Miki play tennis?
  — Yes, she does. / No, she does not [doesn't].
- ☐ Miki does not [doesn't] play tennis.

Lesson 5

- ☐ Tom is studying math now.
- ☐ Is Tom studying math now?
  — Yes, he is. / No, he is not.
- ☐ Tom is not studying math now.

□ 私は田中花です。
□ あなたはダンサーです。
□ 私はテニスをします。
□ あなたは野球ファンですか。
—はい，そうです。/ いいえ，ちがいます。
□ あなたはロックを演奏しますか。
—はい，します。/ いいえ，しません。
□ 私はギターが上手ではありません。
□ 私は野球をしません。

□ 私はプリンを作ることができます。
□ 私はクッキーを焼くことができません。
□ あなたは踊ることができますか。
—はい，できます。/ いいえ，できません。

□ これはドレスです。
□ これはドレスではありません。
□ これはわかば神社ですか。
—はい，そうです。/ いいえ，ちがいます。
□ これは何ですか。— 図書館です。
□ こちらはわかばくんです。私は彼が好きです。
□ こちらの女性はだれですか。— 彼女はマキコです。
□ ギターをひきなさい。
□ ギターをひいてはいけません。
□ 写真を撮りましょう。
□ あなたは手に何を持っていますか。—私は本を持っています。
□ あなたはどんな食べ物が好きですか。—私はおにぎりが好きです。
□ あなたは何匹のチョウが見えますか。—6 匹のチョウが見えます。

□ ミキはテニスをします。
□ ミキはテニスをしますか。
—はい，します。/ いいえ，しません。
□ ミキはテニスをしません。

□ トムは今，数学を勉強しています。
□ トムは今，数学を勉強していますか。
—はい，しています。/ いいえ，していません。
□ トムは今，数学を勉強していません。

Lesson 6

- ☐ Amy enjoyed karaoke last Sunday.
- ☐ Amy went to Hiroshima last year.
- ☐ Did Amy enjoy karaoke last Sunday?
  — Yes, she did. / No, she did not [didn't].
- ☐ Amy did not [didn't] enjoy karaoke last Sunday.

Lesson 7

- ☐ My father was a soccer fan then.
- ☐ My parents were soccer players then.
- ☐ Was your father a soccer fan then?
  — Yes, he was. / No, he was not [wasn't].
- ☐ My father was not a soccer fan then.
- ☐ I was watching TV then.
- ☐ You look happy.

Lesson 8

- ☐ It will be cold tomorrow.
- ☐ Will it be cold tomorrow?
  — Yes, it will. / No, it will not [won't].
- ☐ It will not [won't] be cold tomorrow.
- ☐ I am going to clean the park tomorrow.
- ☐ Are you going to clean the park tomorrow?
  — Yes, I am. / No, I am not.
- ☐ I am not going to clean the park tomorrow.

GET Plus 1

- ☐ What food do you like?

GET Plus 2

- ☐ How many butterflies do you see?

GET Plus 3

- ☐ Which do you want, strawberry or lemon?
  — I want lemon.

GET Plus 4

- ☐ Whose key is this? Is it yours?
  — No. It's not mine. It's Riku's.

GET Plus 5

- ☐ You look happy.

GET Plus 6

- ☐ Can you make the bed? — Yes, of course.

□ エイミーは先週日曜日にカラオケを楽しみました。
□ エイミーは昨年，広島に行きました。
□ エイミーは先週日曜日にカラオケを楽しみましたか。
— はい，楽しみました。/ いいえ，楽しみませんでした。
□ エイミーは先週日曜日にカラオケを楽しみませんでした。

□ 私の父はそのとき，サッカーのファンでした。
□ 私の両親はそのとき，サッカー選手でした。
□ あなたの父はそのとき，サッカーのファンでしたか。
—はい，そうでした。/ いいえ，そうではありませんでした。
□ 私の父はそのとき，サッカーのファンではありませんでした。
□ 私はそのときテレビを見ていました。
□ うれしそうですね。

□ 明日は寒くなるでしょう。
□ 明日は寒くなるでしょうか。
—はい，なるでしょう。/ いいえ，ならないでしょう。
□ 明日は寒くならないでしょう。
□ 私は明日，公園を掃除するつもりです。
□ あなたは明日，公園を掃除するつもりですか。
— はい，するつもりです。/ いいえ，するつもりはありません。
□ 私は明日，公園を掃除するつもりではありません。

□ あなたはどんな食べ物が好きですか。

□ あなたはチョウが何匹見えますか。

□ あなたはいちご味とレモン味，どちらがほしいですか。
—レモン味がほしいです。

□ これはだれの鍵ですか。あなたのですか。
— いいえ。私のではありません。陸のです。

□ うれしそうですね。

□ ベッドを整えてくれませんか。— はい，もちろんです。

2年生の文型の整理

Lesson 1

- □ When my mother came home, I was watching TV.
- □ If it is clear, we will play baseball.
- □ I think (that) the book is interesting.
- □ Peter didn't say anything because he was too tired.
- □ cook and eat
- □ on the ice and in the water
- □ apples or oranges
- □ Yuki likes cats, but she has a dog.

Lesson 2

- □ Koji wants to read the book.
- □ My dream is to be a teacher.
- □ Tom went to the park to play volleyball.
- □ Miki has something to eat.
- □ It's fun for me to take pictures.

Lesson 3

- □ There is a big park in this town.
- □ There are two big parks in this town.
- □ Is there a big park in this town?
  — Yes, there is. / No, there is not.
- □ I like playing soccer.
- □ Playing soccer is a lot of fun.

Lesson 4

- □ I will give him a wallet.
- □ We call him Tom.
- □ It makes me happy.

□ 母が家に帰って来たとき，私はテレビを見ていました。
□ もし天気がよければ，私たちは野球をします。
□ この本はおもしろいと思います。
□ ピーターはとても疲れていたので，何も言いませんでした。
□ 料理して（そして）食べる
□ 氷の上と水の中
□ リンゴまたはオレンジ
□ ユキはネコが好きですが，イヌを飼っています。

□ 耕司はその本が読みたいです。
□ 私の夢は教師になることです。
□ トムはバレーボールをするために公園に行きました。
□ 美紀は何か食べるものを持っています。
□ 私にとって写真を撮ることは楽しいです。

□ この町に大きな公園があります。
□ この町に 2 つの大きな公園があります。
□ この町には大きい公園がありますか。
—はい，あります。/ いいえ，ありません。
□ 私はサッカーをすることが好きです。
□ サッカーをすることはとても楽しいです。

□ 私は彼に財布をあげるつもりです。
□ 私たちは彼をトムと呼びます。
□ それは私を幸せにします。

Lesson 5

- ☐ The Amazon is longer than the Shinano River.
- ☐ The Amazon is the longest in South America.
- ☐ In our class, English is more popular than science.
- ☐ In our class, English is the most popular of all the subjects.
- ☐ My cat is as cute as yours.
- ☐ Tom walks faster than Koji.
- ☐ Miki can run the fastest in our class.
- ☐ I'll show you how to play the Japanese drum.

Lesson 6

- ☐ I have lived in this town for many years.
- ☐ Miki has lived in this town since 2016.
- ☐ Have you lived in this town for a long time?
  — Yes, I have. / No, I have not.
- ☐ How long have you lived in this town?
  — For five years. / Since I was ten.

Lesson 7

- ☐ I have just finished lunch.
- ☐ Have you finished lunch yet?
  —Yes, I have. / No, I have not.
- ☐ I have not finished lunch yet.
- ☐ Amy has visited Nara twice.
- ☐ Has Amy ever visited Nara?
  —Yes, she has. / No, she has not.
- ☐ Amy has never visited Nara.

□ アマゾン川は信濃川よりも長いです。
□ アマゾン川は南アメリカでいちばん長いです。
□ 私たちのクラスでは，英語は理科よりも人気があります。
□ 私たちのクラスでは，英語はすべての教科の中で最も人気があります。
□ 私のネコは，あなたのネコと同じくらいかわいいです。
□ トムは耕司よりも速く歩きます。
□ 美紀は私たちのクラスの中で最も速く走れます。
□ あなたに和太鼓の演奏の仕方を教えましょう。

□ 私はこの町に何年もの間ずっと住んでいます。
□ 美紀はこの町に 2016 年からずっと住んでいます。
□ あなたはこの町に長い間住んでいますか。
—はい，住んでいます。/ いいえ，住んでいません。
□ あなたはこの町にどれくらい長く住んでいますか。
—5 年間住んでいます。/ 10 歳の時から住んでいます。

□ 私はちょうど昼食を終えたところです。
□ あなたはもう昼食を終えましたか。
—はい，終えました。/ いいえ，終えていません。
□ 私はまだ昼食を終えていません。
□ エイミーは二度，奈良を訪れたことがあります。
□ エイミーは今までに奈良を訪れたことがありますか。
—はい，あります。/ いいえ，ありません。
□ エイミーは一度も奈良を訪れたことはありません。

GET Plus 1

☐ May I try on this shirt? —Sure.

GET Plus 2

☐ It's fun for me to take pictures.

GET Plus 3

☐ The sign says you must not fish here.

☐ It also says we must beware of snakes.

GET Plus 4

☐ We have to write an essay.

☐ We don't have to turn it in until Monday.

GET Plus 5

☐ I'll show you how to play the Japanese drum.

GET Plus 6

☐ Could you speak louder, please? — Yes, of course.

□ このシャツを試着してもいいですか。—もちろん。

□ 私にとって写真を撮ることは楽しいです。

□ 看板にここで魚釣りをしてはいけませんと書いてあります。
□ ヘビに注意しなければいけませんとも書いてあります。

□ 私たちはエッセイを書かなければなりません。
□ 私たちは月曜日まではそれを提出する必要はありません。

□ あなたに和太鼓の演奏の仕方を教えましょう。

□ もっと大きい声で話していただけますか。—もちろん。

3年生の文型の整理

Lesson 1

- □ It has been raining since this morning.
- □ I have been playing soccer for two hours.
- □ Have you been playing soccer for a long time?
  —Yes, I have. / No, I have not.
- □ How long have you been playing soccer?
  —For two hours. / Since this morning.

Lesson 2

- □ The kitchen is cleaned every day.
- □ This picture was painted by Picasso.
- □ Is the kitchen cleaned every day?
  —Yes, it is. / No, it is not.
- □ The kitchen is not cleaned every day.

Lesson 3

- □ the girl playing tennis
- □ The girl playing tennis is Yuka.
- □ a famous book written by Soseki
- □ This is a famous book written by Soseki.
- □ I'm glad to hear that.

Lesson 4

- □ a book that [which] has beautiful pictures
- □ I have a book that [which] has beautiful pictures.
- □ a friend who [that] can speak Spanish
- □ I have a friend who [that] can speak Spanish.

□ 今朝からずっと雨が降り続いています。
□ 私は 2 時間ずっとサッカーをし続けています。
□ あなたは長い間サッカーをし続けていますか。
—はい，し続けています。/ いいえ，し続けていません。
□ あなたはどれくらい長くサッカーをし続けていますか。
—2 時間し続けています。/ 今朝からし続けています。

□ その台所は毎日そうじされます。
□ この絵はピカソによって描かれました。
□ その台所は毎日そうじされますか。
—はい，されます。/ いいえ，されません。
□ その台所は，毎日はそうじされません。

□ テニスをしている女の子
□ テニスをしている女の子は由佳です。
□ 漱石によって書かれた有名な本
□ これは，漱石によって書かれた有名な本です。
□ 私はそれを聞いてうれしいです。

□ 美しい写真が載っている本
□ 私は美しい写真が載っている本を持っています。
□ スペイン語が話せる友達
□ 私にはスペイン語が話せる友達がいます。

Lesson 5

- ☐ the book that [which] I read last night
- ☐ This is the book that [which] I read last night.
- ☐ the country I want to visit
- ☐ The country I want to visit is France.

Lesson 6

- ☐ If I had wings, I could fly.
- ☐ I wish I had wings.
- ☐ I wish I could fly.
- ☐ If I were you, I would cook her dinner.

Lesson 7

- ☐ I don't know why Miki is sad.
- ☐ Do you know where he went yesterday?
- ☐ Please tell me who that girl is.
- ☐ Miki helped me cook lunch.
- ☐ I want you to decorate the room.

GET Plus 1

- ☐ I'm glad to hear that.

GET Plus 2

- ☐ If I were you, I would cook her dinner.

GET Plus 3

- ☐ I want you to decorate the room.

□ 私が昨夜読んだ本

□ これは，私が昨夜読んだ本です。

□ 私が訪れたい国

□ 私が訪れたい国はフランスです。

□ もし私に翼があれば，私は飛べるだろうに。

□ 翼があればいいのになあ。

□ 飛べればいいのになあ。

□ もし私があなたなら，彼女に夕飯を作るだろう。

□ 私は，美紀がなぜ悲しいのかわかりません。

□ 彼が昨日どこに行ったのか知っていますか。

□ あの女の子がだれなのか教えてください。

□ 美紀は私が昼食を作るのを手伝ってくれました。

□ 私はあなたに部屋の飾りつけをしてもらいたいです。

□ 私はそれを聞いてうれしいです。

□ もし私があなたなら，彼女に夕飯を作るだろう。

□ 私はあなたに部屋の飾りつけをしてもらいたいです。

●不規則動詞活用表

原形	主な意味	現在形	過去形	過去分詞	-ing 形
A-A-A 型					
cost	(お金・時間が)かかる	cost(s)	cost	cost	costing
hit	打つ，当たる	hit(s)	hit	hit	hitting
hurt	傷つける	hurt(s)	hurt	hurt	hurting
put	置く	put(s)	put	put	putting
quit	やめる	quit(s)	quit	quit	quitting
read	読む	read(s)	read	read	reading
set	置く，沈む	set(s)	set	set	setting
spread	広がる，広げる	spread(s)	spread	spread	spreading
A-B-A 型					
become	…になる	become(s)	became	become	becoming
come	来る	come(s)	came	come	coming
run	走る	run(s)	ran	run	running
A-B-B 型					
bring	持ってくる	bring(s)	brought	brought	bringing
build	建てる	build(s)	built	built	building
burn	燃やす，燃える	burn(s)	burned / burnt	burned / burnt	burning
buy	買う	buy(s)	bought	bought	buying
catch	つかまえる	catch(es)	caught	caught	catching
feel	感じる	feel(s)	felt	felt	feeling
fight	たたかう	fight(s)	fought	fought	fighting
find	見つける	find(s)	found	found	finding
forget	忘れる	forget(s)	forgot	forgot / forgotten	forgetting
get	手に入れる	get(s)	got	got / gotten	getting
have	持っている	have / has	had	had	having
hear	聞く	hear(s)	heard	heard	hearing
hold	持つ，にぎる	hold(s)	held	held	holding
keep	ままでいる，保つ	keep(s)	kept	kept	keeping
leave	去る	leave(s)	left	left	leaving
lose	去る，負ける	lose(s)	lost	lost	losing
make	作る	make(s)	made	made	making
mean	意味する	mean(s)	meant	meant	meaning
meet	会う	meet(s)	met	met	meeting
say	言う	say(s)	said	said	saying
send	送る	send(s)	sent	sent	sending

shoot	撃つ	shoot(s)	shot	shot	shooting
sit	すわる	sit(s)	sat	sat	sitting
sleep	眠る	sleep(s)	slept	slept	sleeping
spend	費やす，過ごす	spend(s)	spent	spent	spending
stand	立つ	stand(s)	stood	stood	standing
teach	教える	teach(es)	taught	taught	teaching
tell	言う，知らせる	tell(s)	told	told	telling
think	考える	think(s)	thought	thought	thinking
understand	理解する	understand(s)	understood	understood	understanding
win	勝つ	win(s)	won	won	winning
A-B-C 型					
be	…である	am / is / are	was / were	been	being
begin	始まる，始める	begin(s)	began	begun	beginning
bite	かむ	bite(s)	bit	bitten	biting
break	こわす	break(s)	broke	broken	breaking
choose	選ぶ	choose(s)	chose	chosen	choosing
do	する	do / does	did	done	doing
draw	かく	draw(s)	drew	drawn	drawing
drink	飲む	drink(s)	drank	drunk	drinking
drive	運転する	drive(s)	drove	driven	driving
eat	食べる	eat(s)	ate	eaten	eating
fall	落ちる	fall(s)	fell	fallen	falling
fly	飛ぶ	fly / flies	flew	flown	flying
give	与える	give(s)	gave	given	giving
go	行く	go(es)	went	gone	going
grow	育つ	grow(s)	grew	grown	growing
know	知っている	know(s)	knew	known	knowing
ride	乗る	ride(s)	rode	ridden	riding
rise	のぼる	rise(s)	rose	risen	rising
see	見る	see(s)	saw	seen	seeing
shake	振る	shake(s)	shook	shaken	shaking
show	見せる	show(s)	showed	shown	showing
sing	歌う	sing(s)	sang	sung	singing
speak	話す	speak(s)	spoke	spoken	speaking
swim	泳ぐ	swim(s)	swam	swum	swimming
take	持って行く	take(s)	took	taken	taking
wear	身につける	wear(s)	wore	worn	wearing
write	書く	write(s)	wrote	written	writing

【イラスト】 川口澄子
【編集協力】 株式会社シー・レップス

| 15 | 三省堂 | 英語 903 | NEW CROWN English Series 3

三省堂 ニュークラウン 完全準拠　英語の基本文型 3

編　者　三省堂編修所
発行者　株式会社 三省堂
代表者 瀧本多加志
印刷者　三省堂印刷株式会社
発行所　株式会社 三省堂
〒102-8371　東京都千代田区麹町五丁目7番地2
電話　(03) 3230-9411
https://www.sanseido.co.jp/

ISBN978-4-385-58956-5　〈03 中英基本文型 3〉 ④